AI i Bestyrelseslokalet

Strategisk ledelse af kunstig intelligens i danske SMV'er

af Henrik Rydiander

Henrik Rydiander

AI i Bestyrelseslokalet - Strategisk ledelse af kunstig intelligens i danske SMV´er

1. Udgave 2025

Tak til bidragyderne

Denne bog ville ikke have været mulig uden den generøse støtte og indsigt fra en række inspirerende ledere, der har bidraget med deres perspektiver og erfaringer. Jeg ønsker at rette en særlig tak til:

- **John Norden**, Partner, Norden CEF A/S
- **John Rohde,** Administrerende direktør, Executive Cognito A/S
- **Jesper Martin Gram-Jensen**, Partner & Lead Consultant, Ascendit
- **Anders Bramm**, Group CEO, Vangby
- **Torben Madsen**, Senior Konsulent, Kvalitor Consulting
- **Dorte Vølund Philipson**, Director, Talent Management
- **Charlotte Pontoppidan Wise**, Ledelsesekspert & Stifter, LeaderHubs
- **Tomas Maltha Krogh**, Co-founder & Partner, Bomae Køberrådgivning

Deres bidrag har tilført uvurderlig dybde og relevans til bogens tema om strategisk arbejde og kunstig intelligens. Tak for jeres engagement og for at dele jeres erfaringer, der kan inspirere andre.

Table Of Contents

"The best way to predict the future is to create it."

– Peter Drucker and Abraham Lincoln

Forord: Den digitale tidsalder

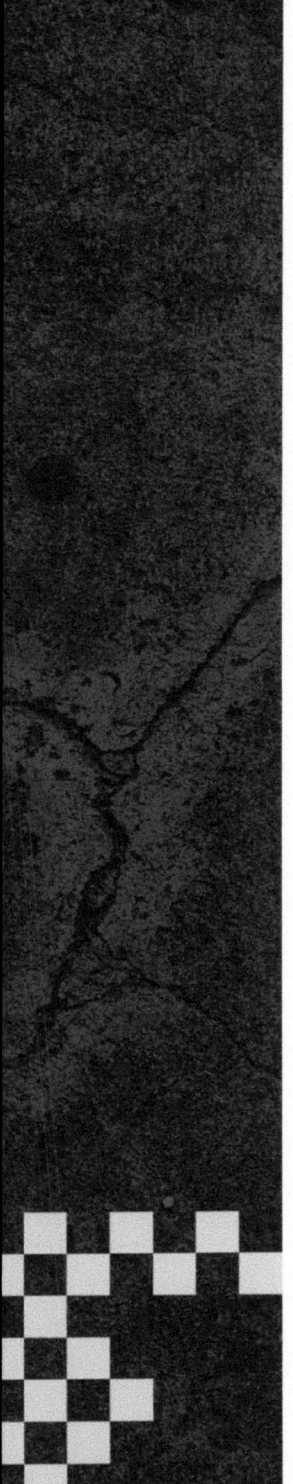

I den digitale tidsalder står vi over for en fundamental transformation af samfundet, erhvervslivet og den måde, vi interagerer på. Dette forord sætter rammen for de kommende kapitlers dybdegående analyse af denne udvikling.

Vi befinder os midt i en ekstraordinær tid. Den digitale transformation har allerede forandret måden, vi lever, arbejder og interagerer på, men vi er kun ved begyndelsen af en udvikling, der vil redefinere alle aspekter af vores samfund. I denne transformation spiller kunstig intelligens (AI) en hovedrolle. Den repræsenterer ikke kun et teknologisk spring, men også en strategisk mulighed, der kan løfte danske virksomheder til nye højder og styrke Danmarks position som en global leder inden for ansvarlig teknologiudvikling.

Denne bog er skrevet med et klart formål: at give danske bestyrelser værktøjer, viden og indsigt til at navigere AI-revolutionen og dens konsekvenser for deres virksomheder. Bestyrelserne spiller en afgørende rolle som strategiske beslutningstagere, og deres engagement er nøglen til at sikre, at AI ikke blot implementeres, men gøres til en drivkraft for bæredygtig vækst og innovation.

AI er ikke længere kun for de få teknologitunge virksomheder. Det er en teknologi, der i stigende grad bliver tilgængelig for alle organisationer, uanset deres størrelse eller branche. Denne demokratisering af AI bringer enorme muligheder for små og mellemstore virksomheder (SMV'er), der kan bruge teknologien til at øge produktiviteten, forbedre beslutningstagningen og udvikle nye forretningsmodeller. Men potentialet kommer ikke uden udfordringer. Implementering af AI kræver ikke blot teknologiske investeringer, men også en dybdegående forståelse af de organisatoriske, etiske og strategiske dimensioner, som teknologien fører med sig.

I Danmark har vi en unik mulighed. Vores digitale infrastruktur, høje tillid i befolkningen og tradition for offentlig-privat samarbejde giver os et særligt fundament for at udnytte AI's potentiale ansvarligt og effektivt. Samtidig har vi udfordringer. Kun en lille del af danske SMV'er arbejder aktivt med AI, og mange virksomheder mangler de kompetencer og ressourcer, der er nødvendige for at udnytte teknologien fuldt ud.

Denne bog er en praktisk guide, der kombinerer strategisk indsigt med konkrete værktøjer og cases fra danske virksomheder. Vi vil udforske AI's betydning på tværs af brancher og organisationstyper og give bestyrelserne redskaberne til at handle. Fra governance-strukturer til implementeringsstrategier og fremtidsperspektiver præsenterer vi en holistisk tilgang til AI, der sikrer både kortsigtet værdi og langsigtet robusthed.

I den digitale tidsalder er det afgørende, at bestyrelser tager ansvar for at drive udviklingen fremad. Ved at lære, lede og handle kan de sikre, at deres virksomheder ikke blot overlever, men trives i en stadig mere kompleks og konkurrencedygtig verden.

Velkommen til en rejse ind i AI's verden og dens muligheder for danske bestyrelser. Sammen kan vi skabe en fremtid, hvor teknologi og menneskelighed går hånd i hånd, og hvor Danmark fortsætter med at være et foregangsland i den digitale tidsalder.

Del 1: Fundamentet

Den digitale transformation af danske virksomheder er bygget på et fundament af teknologiske fremskridt, der radikalt har ændret måden, vi driver forretning på. Kunstig intelligens (AI) spiller en central rolle i denne udvikling og skaber nye muligheder for værdiskabelse og innovation.

Teknologiske drivkræfter

De seneste gennembrud inden for AI-teknologier som machine learning, natural language processing og computer vision muliggør en hidtil uset automatisering og optimering af komplekse opgaver. Disse teknologier gør det muligt for virksomheder at analysere store mængder data, forudse markedstendenser og tage bedre beslutninger på tværs af alle forretningsområder.

Udfordringer i Danmark

Selvom AI har et enormt potentiale, står danske virksomheder over for betydelige udfordringer. Kun 23% af virksomhederne vurderes som digitalt modne, og hele 67% mangler grundlæggende AI-kompetencer. Især små og mellemstore virksomheder (SMV'er) halter bagefter i adoptionen, hvilket kan true deres langsigtede konkurrenceevne.

De fire grundpiller

For at sikre en succesfuld digital transformation må danske virksomheder fokusere på fire centrale områder:

1. Digital Infrastruktur: En robust og sikker infrastruktur er grundlaget for effektiv AI-implementering.
2. Kompetenceudvikling: Investering i AI-uddannelse og efteruddannelse er afgørende for at opbygge de nødvendige evner i organisationen.
3. Effektiv governance: Klare retningslinjer og processer sikrer ansvarlig og etisk brug af AI-teknologi.
4. Kontinuerlig innovation: En kultur, der fremmer eksperimentering og tilpasning, er essentiel for at udnytte AI's fulde potentiale.

Strategiske investeringer

Investeringer i teknologi og partnerskaber er nødvendige for at få fuldt udbytte af AI. Potentialet for danske virksomheder er enormt, med direkte omkostningsbesparelser og øget konkurrenceevne gennem innovation. Eksempler fra både store virksomheder og SMV'er viser, at AI kan reducere fejlmarginer, øge produktiviteten og skabe nye forretningsmuligheder.

Konklusion

Med det rette fundament kan danske virksomheder navigere den digitale transformation og høste fordelene ved AI-implementering. Denne del af bogen giver en introduktion til de teknologiske og strategiske forudsætninger for AI-revolutionen og sætter scenen for de efterfølgende kapitler om implementering og praktisk anvendelse.

> *"De fleste virksomheder vil opleve, at AI bliver en vigtig del af virksomhedens drift i fremtiden. Det fordrer, at bestyrelsen har fokus på, hvad det betyder for virksomhedens organisation nu og fremadrettet. Vigtige beslutninger og dermed valg af strategi bliver et resultat af implementering af AI. Indenfor den finansielle verden er AI allerede nu en vigtig del af hverdagen."*
>
> **– John Norden, Partner, Norden CEF A/S**

Kapitel 1: AI-revolutionen

AI-revolutionen repræsenterer en fundamental transformation af det danske samfund og erhvervsliv, som vil præge vores fremtid markant i de kommende år.

Vi står midt i en revolutionær æra, hvor kunstig intelligens (AI) forandrer fundamentale strukturer i samfundet, erhvervslivet og måden, vi forstår verden på. AI-revolutionen handler ikke kun om teknologi, men om en ny måde at tænke strategi, forretning og ledelse på. For danske bestyrelser er det afgørende at forstå de muligheder og udfordringer, der følger med denne udvikling, for at sikre virksomhedernes konkurrenceevne og relevans i fremtiden.

Danmarks position i det globale AI-landskab

Danmark er blandt de mest digitaliserede lande i verden og indtager en førerposition inden for offentlig digitalisering og AI-adoption i EU. Med en forventet økonomisk vækst på op til 8% af BNP over det næste årti kan AI potentielt tilføre op til 250 milliarder kroner til den danske økonomi. Disse gevinster stammer fra højere produktivitet, automatisering og udviklingen af nye forretningsmodeller.

Danmarks styrkepositioner omfatter en robust digital infrastruktur, en høj grad af tillid i befolkningen og en tradition for offentlig-privat samarbejde. Samtidig har vi en unik mulighed for at anvende AI etisk og ansvarligt, hvilket styrker vores globale omdømme som et foregangsland inden for teknologisk innovation.

Udfordringer for SMV'er

Trods Danmarks førerposition halter mange små og mellemstore virksomheder (SMV'er) bagefter i AI-adoptionen. Kun 5% af danske SMV'er arbejder aktivt med AI, hvilket efterlader et stort potentiale uforløst. De primære udfordringer omfatter mangel på AI-kompetencer, begrænsede ressourcer og manglende strategisk forankring.

Mange SMV'er ser AI som en kompleks og ressourcekrævende teknologi, der kun er tilgængelig for større virksomheder. Dette er en misforståelse. AI bliver stadigt mere tilgængeligt gennem cloud-løsninger, open source-værktøjer og nationale initiativer som AI Denmark, der hjælper virksomheder med at påbegynde deres AI-rejse.

Fremtidsperspektiver

I 2025 forventes AI at være dybt integreret i virksomhedernes kerneprocesser. Multimodale AI-systemer, der kan analysere og kombinere data fra forskellige kilder, vil revolutionere beslutningstagning og forretningsudvikling. Samtidig vil demokratiseringen af AI-teknologier gøre det muligt for flere virksomheder, uanset størrelse, at drage fordel af denne transformation.

Bestyrelser har en central rolle i at sætte den strategiske retning og sikre, at virksomhederne griber AI-mulighederne ansvarligt og effektivt. Dette kræver fokus på tre hovedområder:

1. Kompetenceudvikling: At sikre, at ledelse og medarbejdere har den nødvendige viden om AI.
2. Innovationskultur: At fremme en kultur, hvor nye teknologier ses som muligheder frem for trusler.
3. Governance: At etablere klare retningslinjer for ansvarlig og etisk anvendelse af AI.

Konklusion

AI-revolutionen er ikke en fremtidsvision – den sker nu. For danske virksomheder, og især deres bestyrelser, er det tid til at handle. Ved at investere i AI og sikre en ansvarlig implementering kan vi udnytte teknologiens fulde potentiale og styrke Danmarks position som et foregangsland i den digitale tidsalder. Dette kapitel introducerer de strategiske og praktiske aspekter af AI, som vil blive udforsket dybere i de kommende afsnit.

"I en verden, hvor teknologien udvikler sig med hastige skridt, har kunstig intelligens potentiale til at revolutionere måden, virksomheder drives og beslutninger træffes på. Beslutningen om brugen af AI i virksomhederne bør starte i bestyrelseslokalet."

– John Rohde, Adm. direktør, Executive Cognito

Kapitel 2: Den strategiske kontekst

For at forstå AI's rolle i fremtidens danske erhvervsliv er det nødvendigt at placere teknologien i en bredere strategisk kontekst. AI er ikke kun et værktøj til effektivisering, det er en drivkraft for forandring, der kan transformere måden, virksomheder skaber værdi på. Dette kapitel fokuserer på den strategiske betydning af AI i Danmark og identificerer de udfordringer og muligheder, som virksomheder står overfor.

Status på AI-modenhed i Danmark

Danmarks digitale infrastruktur og adgang til data giver en solid base for AI-adoption. Alligevel viser analyser, at kun 16% af danske SMV'er regelmæssigt bruger generative AI-værktøjer i deres processer, hvilket er lavere end det europæiske gennemsnit på 54%. Denne forskel kan koste Danmark op mod 75 milliarder kroner årligt i tabte produktivitetsgevinster.

Virksomhedernes position

Mens mange danske virksomheder anerkender AI's potentiale, har kun 40% iværksat initiativer for at træne medarbejdere i brugen af teknologien. Undersøgelser viser, at 84% af virksomhederne ser AI som en nøgleteknologi for fremtidig vækst, men mangel på kompetencer og ressourcer forhindrer mange i at realisere dette potentiale.

Større virksomheder har en tendens til at udnytte AI mere effektivt, ofte gennem dedikerede teams og ressourcer. Til gengæld oplever SMV'er begrænsninger på grund af mindre adgang til specialiseret viden og kapital.

Strategiske prioriteter

For at lukke AI-kløften må danske virksomheder fokusere på tre strategiske prioriteter:

1. Kompetenceudvikling: At investere i uddannelse og efteruddannelse for at bygge AI-kompetencer op på tværs af organisationen.
2. Datainfrastruktur: At opbygge og vedligeholde en sikker og effektiv datainfrastruktur, der understøtter AI-systemer.
3. Offentlig-Privat samarbejde: At udnytte Danmarks tradition for samarbejde mellem det offentlige og private til at udvikle innovative AI-løsninger.

Fremtidsperspektiver

Med den rette strategi kan Danmark udnytte AI til at skabe en bæredygtig og konkurrencedygtig fremtid. Mulighederne er mange: fra at optimere ressourceforbruget og reducere spild til at udvikle nye forretningsmodeller, der styrker danske virksomheders internationale position.

En kombination af teknologisk innovation og strategisk ledelse vil være nødvendig for at realisere AI's fulde potentiale. For bestyrelser betyder dette et ansvar for at sætte ambitiøse, men realistiske mål for AI-implementering og sikre, at organisationerne forbliver konkurrencedygtige i en verden i hastig forandring.

Konklusion

Den strategiske kontekst for AI i Danmark er fyldt med muligheder, men også med udfordringer. For at navigere i denne nye virkelighed må virksomheder være forberedte, agile og proaktive.

Del 2: Implementering

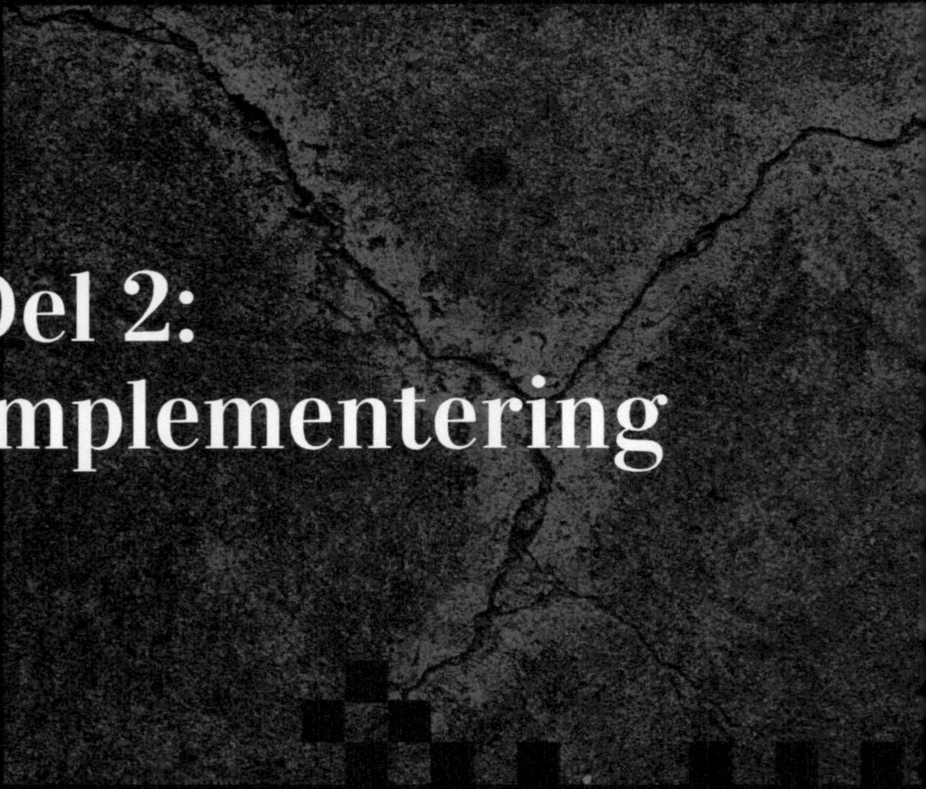

Danmark har etableret sig som et foregangsland inden for digitalisering og er det første europæiske land med specifikke retningslinjer for AI-implementering i regulerede sektorer. For at udnytte de mange muligheder, som AI tilbyder, kræves en struktureret tilgang til implementering. Denne del af bogen præsenterer praktiske strategier, governance-modeller og konkrete tiltag, der kan hjælpe danske virksomheder med at komme fra vision til virkelighed.

Udvikling af AI-governance

AI-governance handler om at sikre, at kunstig intelligens anvendes ansvarligt, effektivt og etisk korrekt. Danmark har allerede taget føringen med Safe AI-principperne, der fremmer gennemsigtighed, robusthed og respekt for privatlivets fred. Virksomheder bør fokusere på følgende elementer i deres governance-strategi:

- Dataetik: At udvikle og offentliggøre politikker, der sikrer ansvarlig datahåndtering.
- Risikovurdering: At identificere og minimere potentielle skader forbundet med AI-systemer.
- Transparens: At sikre, at beslutningsprocesser og anvendte algoritmer er gennemskuelige for interessenter.

Kompetenceopbygning og kultur

En af de største barrierer for AI-implementering i Danmark er manglen på kompetencer. Kun 40% af danske virksomheder har iværksat træningsinitiativer for at styrke medarbejdernes AI-viden. For at overvinde denne udfordring er det nødvendigt at:

- Investere i efteruddannelse og opkvalificering af medarbejdere.
- Skabe en innovationskultur, hvor AI ses som en mulighed frem for en trussel.
- Udpege dedikerede AI-ansvarlige, der kan drive implementeringsprojekter.

Teknologisk infrastruktur

En robust teknologisk infrastruktur er nødvendig for succesfuld AI-implementering. Dette omfatter:

- Cloud-baserede løsninger: Der muliggør skalerbarhed og fleksibilitet i AI-applikationer.
- Datasikkerhed: At beskytte data mod cybertrusler og sikre compliance med GDPR.
- Integration: At sikre, at AI-systemer fungerer problemfrit med eksisterende IT-arkitekturer.

Praktiske værktøjer og ressourcer

Der findes en række offentlige og private initiativer, der støtter danske virksomheder i deres AI-rejse. Blandt andet tilbyder AI Denmark og Vækstfonden finansielle og tekniske ressourcer til virksomheder, der ønsker at implementere AI-løsninger.

Konklusion

Implementeringen af AI kræver mere end blot teknologi – det kræver en strategisk tilgang, hvor governance, kompetenceudvikling og infrastruktur spiller sammen. Danmark er allerede godt positioneret til at lede an i denne udvikling, men det er afgørende, at virksomhederne tager handling nu. Denne del af bogen vil guide dig gennem konkrete skridt og eksempler, der sikrer en vellykket og ansvarlig AI-implementering.

"At udelukke AI fra bestyrelseslokalet er som at afvise en rådgiver, der har læst og husker millioner af bøger—en uvurderlig kilde til strategiske indsigter, der kan forme fremtidens forretning."

– Torben Madsen, Senior Konsulent, Kvalitor Consulting

Kapitel 3: AI-governance

AI-governance handler om at skabe de rette rammer for ansvarlig og effektiv anvendelse af kunstig intelligens. For danske virksomheder er governance en nøglefaktor i at sikre, at AI bruges som en strategisk ressource, der skaber værdi uden at kompromittere etiske standarder eller datasikkerhed. Dette kapitel udforsker principperne bag AI-governance og giver konkrete anbefalinger til implementering.

Grundprincipper for AI-governance

Effektiv AI-governance bygger på tre grundprincipper:

1. Transparens: Beslutningsprocesser og algoritmiske metoder skal være gennemsigtige for interessenter. Dette fremmer tillid og sikrer ansvarlighed.
2. Etik: AI-løsninger skal designes og implementeres med respekt for menneskelige rettigheder, privatliv og lighed.
3. Robusthed: AI-systemer skal være sikre og modstandsdygtige over for fejl, angreb og bias.

Danmark har allerede en fordel med Safe AI-principperne, som understøtter disse elementer og skaber en solid base for ansvarlig AI-anvendelse.

Governance-Frameworks i praksis

Et governance-framework hjælper virksomheder med at strukturere deres tilgang til AI og sikre compliance. De vigtigste elementer inkluderer:

- Politikker og retningslinjer: Udvikling af klare politikker for dataetik, algoritmisk transparens og risikostyring.
- Roller og ansvar: Udpegning af ansvarlige for AI-implementering, herunder en Chief AI Officer eller lignende rolle.
- Kontrol og overvågning: Løbende evaluering af AI-systemernes performance og sikkerhed.

Implementering af EU AI Act

Den kommende EU AI Act stiller skrappe krav til virksomheder, der udvikler, anvender eller distribuerer AI i Europa. Højrisiko-AI-systemer skal registreres i en EU-database, gennemgå risikovurderinger og opfylde strenge transparenskrav. Danske virksomheder skal derfor allerede nu begynde at tilpasse deres governance-strukturer for at leve op til de nye krav.

Case: AI-Governance i praksis

En dansk produktionsvirksomhed implementerede et AI-drevet kvalitetssikringssystem, der reducerede fejl med 30%. Virksomheden etablerede et governance-framework, der sikrede:

- Løbende overvågning af algoritmens præcision.
- Regelmæssige audits for at identificere og reducere bias.
- Træning af medarbejdere i brugen af systemet, hvilket øgede accept og forståelse.

Dette eksempel viser, hvordan governance kan bidrage til succesfuld og ansvarlig AI-implementering.

Konklusion

AI-governance er en afgørende disciplin for danske virksomheder, der ønsker at udnytte AI's potentiale uden at kompromittere etik eller sikkerhed.

Ved at implementere klare politikker, roller og overvågningsmekanismer kan virksomhederne opbygge tillid og sikre, at deres AI-løsninger skaber bæredygtig værdi.

Dette kapitel giver en grundig introduktion til de centrale elementer i AI-governance, som vil blive uddybet yderligere gennem bogens praktiske eksempler og anbefalinger.

"Strategisk arbejde med AI er nøglen til fremtidens succes – det handler ikke kun om effektivisering, men om at transformere data til indsigt og indsigt til værdi, der sætter os foran konkurrenten."

– Anders Bramm, Group CEO, Vangby

Kapitel 4: Return on Intelligence

AI har potentialet til at revolutionere ikke kun måden, virksomheder arbejder på, men også hvordan de skaber og måler værdi. Traditionelle målemetoder som ROI (Return on Investment) er ikke tilstrækkelige, når det kommer til kunstig intelligens. I stedet kræver AI en ny tilgang: Return on Intelligence (RoI), der fokuserer på både kvantitative og kvalitative gevinster. Dette kapitel udforsker, hvordan virksomheder kan måle den fulde værdi af AI.

Traditionelle ROI-målinger vurderer primært finansielle resultater som omkostningsbesparelser eller direkte øget omsætning. AI's effekt rækker dog langt ud over dette. Ved at automatisere komplekse processer frigøres tid og ressourcer, som kan anvendes til mere værdiskabende opgaver. Datadrevne indsigter forbedrer beslutningstagningen og muliggør hurtigere og mere præcise beslutninger. Samtidig skaber AI innovative løsninger, hvor nye produkter og services kan udvikles med større hastighed og præcision. Return on Intelligence tager højde for disse bredere effekter og sikrer, at virksomheder forstår AI's langsigtede strategiske værdi.

RoI bør beregnes med en kombination af kvantitative og kvalitative parametre. Produktivitetsøgning kan måles ved at analysere effekten af automatisering og reduktion af manuelle processer. Kundetilfredshed kan vurderes gennem forbedrede kundeoplevelser, der opnås med personalisering og effektivitet. Innovation kan evalueres ved antallet og kvaliteten af nye produkter, som AI gør mulige. Endelig kan medarbejderengagement analyseres for at forstå, hvordan AI forbedrer arbejdsgange og frigør medarbejdere til at fokusere på mere strategiske opgaver.

En dansk detailvirksomhed, der implementerede AI til lagerstyring og kundeanalyse, er et godt eksempel på Return on Intelligence i praksis. Implementeringen resulterede i en reduktion af lageromkostninger på 25 procent gennem optimeret vareflow. Derudover steg salget med 15 procent som følge af bedre forudsigelser af kundeadfærd, og medarbejderne frigjorde i gennemsnit ti arbejdstimer om ugen til strategiske opgaver. Disse resultater viser, hvordan en bredere tilgang til måling kan synliggøre AI's samlede bidrag til virksomhedens succes.

Bestyrelsen spiller en afgørende rolle i at sikre, at AI-projekter vurderes ud fra deres fulde værdi. Dette inkluderer etableringen af klare målepunkter, der rækker ud over traditionelle finansielle indikatorer. Det indebærer også fremme af en kultur, hvor innovation og læring prioriteres. Endelig skal bestyrelsen sikre, at ressourcer og investeringer i AI justeres i forhold til de langsigtede strategiske mål.

Return on Intelligence giver virksomheder et mere nøjagtigt billede af AI's værdi ved at kombinere finansielle, operationelle og strategiske resultater. Ved at adoptere denne tilgang kan danske virksomheder sikre, at deres AI-investeringer ikke kun skaber kortsigtede gevinster, men også understøtter langsigtet vækst og innovation. Dette kapitel viser, hvordan bestyrelser kan tage en proaktiv rolle i at definere og måle AI's reelle afkast.

Konklusionen

AI repræsenterer en unik mulighed for at redefinere, hvordan værdi skabes og måles i virksomheder. Return on Intelligence er et nødvendigt redskab for at forstå denne værdi fuldt ud og går langt ud over de traditionelle økonomiske indikatorer. Ved at fokusere på en holistisk tilgang, der omfatter både finansielle, operationelle og strategiske aspekter, kan bestyrelser sikre, at AI bliver en langsigtet drivkraft for vækst og innovation. Det kræver dog, at der tages en proaktiv og strategisk tilgang til implementeringen, hvor klare målsætninger og løbende evaluering er afgørende for succes.

"AI forandrer spillereglerne, men det er mennesker, læringskultur og organisatorisk åbenhed, der afgør udfaldet. Fremtidens bestyrelser skal mestre balancen mellem teknologi og menneskelig intuition – og forstå, at innovation ofte opstår nedefra. Ved at investere i strategisk talentudvikling og en stærk læringskultur kan virksomheder sikre, at AI bliver en katalysator for vækst frem for en barriere."

– Dorte Vølund Philipson, Director, Talent Management

Kapitel 5: Organisatorisk parathed

For at danske små og mellemstore virksomheder (SMV'er) effektivt kan integrere kunstig intelligens (AI) på tværs af alle organisatoriske niveauer, er det afgørende at vurdere og styrke deres organisatoriske parathed. Dette indebærer en omfattende evaluering af virksomhedens nuværende kapaciteter, strukturer og processer for at identificere områder, der kræver tilpasning eller forbedring for at understøtte en vellykket AI-implementering.

Vurdering af den nuværende parathed er et grundlæggende første skridt. En intern analyse kan give indsigt i virksomhedens nuværende modenhedsniveau i forhold til AI. Dette kan omfatte en vurdering af eksisterende teknologisk infrastruktur, dataforvaltningspraksis, medarbejdernes kompetenceniveau og den overordnede organisatoriske kultur. En sådan analyse vil hjælpe med at identificere potentielle barrierer og muligheder for AI-integration.

Baseret på den indledende vurdering bør virksomheden udvikle en klar AI-strategi, der er i tråd med dens overordnede forretningsmål. Denne strategi bør definere specifikke mål for AI-implementering, identificere nøgleområder, hvor AI kan skabe værdi, og fastlægge en tidsplan for implementering. Det er også vigtigt at tage højde for etiske overvejelser og sikre, at AI-anvendelsen er ansvarlig og gennemsigtig.

For at sikre en vellykket AI-implementering er det essentielt at investere i medarbejdernes kompetenceudvikling. Træningsprogrammer, workshops og kurser, der fokuserer på AI-relaterede færdigheder og viden, kan være effektive redskaber. Derudover bør ledelsen fremme en kultur, der er åben for innovation og forandring, hvor medarbejdere opfordres til at eksperimentere med nye teknologier og arbejdsmetoder.

En robust teknologisk infrastruktur er nødvendig for AI-implementering. Virksomheder bør evaluere deres nuværende IT-systemer og identificere nødvendige opgraderinger eller investeringer for at understøtte AI-løsninger. Effektiv dataforvaltning er også central, da AI-systemer er afhængige af store mængder kvalitetsdata. Dette kræver etablering af klare dataindsamlings-, lagrings- og analyseprocedurer samt sikring af overholdelse af gældende databeskyttelsesregler.

Ledelsens aktive engagement er en nøglefaktor i succesfuld AI-implementering. Bestyrelsen og topledelsen bør tage ejerskab over AI-initiativet, sikre tilstrækkelige ressourcer og etablere passende governance-strukturer for at overvåge fremskridt og håndtere risici. Dette inkluderer også at definere klare roller og ansvar samt at etablere mekanismer for løbende evaluering og tilpasning af AI-strategien.

En vigtig komponent i AI-implementering er princippet om "human in the loop". Dette indebærer, at mennesker forbliver involveret i beslutningstagningen, særligt i kritiske situationer, hvor automatiske systemer kan have begrænsninger. Ved at kombinere menneskelig ekspertise med AI's kapaciteter kan virksomheder opnå højere præcision, reducere risikoen for fejl og sikre, at de etiske aspekter af AI's anvendelse bliver håndteret korrekt. Dette princip er især relevant i sektorer som sundhedsvæsenet, finans og lovgivning, hvor konsekvenserne af fejlagtige beslutninger kan være alvorlige.

At deltage i netværk og samarbejde med andre virksomheder, forskningsinstitutioner og brancheorganisationer kan være værdifuldt for at dele erfaringer, få adgang til ny viden og identificere bedste praksis inden for AI. Dette kan også åbne muligheder for fælles projekter og synergier, der kan accelerere AI-implementeringen.

Organisatorisk parathed er afgørende for en vellykket integration af AI i danske SMV'er.

Ved at gennemføre en grundig vurdering af den nuværende situation, udvikle en klar strategi, investere i kompetenceudvikling, sikre passende teknologisk infrastruktur og dataforvaltning samt engagere ledelsen og fremme samarbejde, kan virksomhederne positionere sig for at udnytte AI's fulde potentiale.

Dette vil ikke kun forbedre operationel effektivitet, men også skabe nye muligheder for innovation og vækst. I sidste ende er det kombinationen af teknologi og menneskelig indsigt, der sikrer, at AI bliver en drivkraft for bæredygtig udvikling og konkurrenceevne.

Del 3: Praktisk anvendelse

For at maksimere værdien af kunstig intelligens (AI) skal danske virksomheder sikre en praktisk og effektiv implementering. AI's succes afhænger ikke kun af teknologi, men også af, hvordan den anvendes i praksis til at skabe konkrete forretningsresultater. Denne del af bogen fokuserer på specifikke anvendelsesområder, cases og best practices, der viser, hvordan AI kan bruges strategisk og operationelt.

At bringe AI fra strategi til drift kræver en systematisk tilgang. Virksomheder bør identificere nøgleprocesser, hvor AI kan tilføre værdi, og sætte klare mål for, hvad der skal opnås. Det indebærer at udvælge pilotprojekter, hvor AI kan testes og evalueres, og at integrere AI i eksisterende arbejdsflows for at sikre, at teknologien understøtter og ikke afbryder operationer. Derudover skal virksomheder bruge en iterativ udviklingsproces, hvor AI-systemer kontinuerligt forbedres baseret på feedback og data.

AI's anvendelse varierer på tværs af brancher, men dens potentiale er universelt. Inden for sundhedssektoren bruges AI til at forudsige sygdomsforløb, analysere medicinske billeder og optimere patientforløb. I detailhandlen har AI transformeret lagerstyring og kundeadfærdsanalyser, hvilket giver mere præcise indkøbsbeslutninger og personaliserede kundeoplevelser. Produktionsvirksomheder anvender AI til kvalitetskontrol, hvor maskinlæringsmodeller opdager defekter på produktionslinjen langt hurtigere end menneskelige operatører.

For at sikre succesfuld implementering er det vigtigt at anvende de rette værktøjer og metoder. Platforme som TensorFlow og PyTorch giver virksomheder mulighed for at bygge skræddersyede AI-modeller, mens cloud-løsninger fra udbydere som AWS, Google Cloud og Microsoft Azure tilbyder skalerbar infrastruktur til databehandling. Effektive datahåndteringssystemer sikrer, at data opsamles, organiseres og analyseres på en måde, der understøtter AI's fulde potentiale.

En mellemstor dansk produktionsvirksomhed stod over for udfordringer med kvalitetskontrol, hvor fejl på produktionslinjen først blev opdaget sent i processen. Virksomheden implementerede et AI-baseret system, der analyserede billeder af produkter i realtid. Resultatet var en 40% reduktion i produktionsfejl og en markant forbedring af kundetilfredsheden. Denne case viser, hvordan AI kan levere direkte operationelle og finansielle gevinster, når det implementeres korrekt.

For at udnytte AI optimalt bør virksomheder involvere medarbejdere tidligt i processen, da dette sikrer accept og forståelse for teknologiens anvendelse. Derudover styrker løbende uddannelse og opkvalificering af medarbejdere organisationens samlede AI-kompetence. Klar kommunikation af AI-projekternes mål og forventede resultater er også afgørende for at skabe alignment mellem ledelse og operationelle teams.

Den praktiske anvendelse af AI er nøglen til at skabe reel værdi. Ved at fokusere på pilotprojekter, brancherelevante løsninger og ved at bruge de rette værktøjer kan danske virksomheder sikre en effektiv og ansvarlig implementering af AI. Samtidig er det vigtigt at huske, at succes med AI ikke kun handler om teknologi, men om mennesker, processer og en kultur, der er åben for innovation og forandring.

Denne del af bogen afsluttes med en erkendelse af, at mens den praktiske anvendelse af AI skaber operationelle og finansielle gevinster, er det de strategiske overvejelser og visionære perspektiver, der former fremtiden. I de næste kapitler vil vi dykke ned i governance, etik og de fremtidige tendenser, der vil definere AI's rolle i samfundet og erhvervslivet.

" En af mine kæpheste er, at vi ser flere virksomheder tage beslutning om implementering af teknologi til at understøtte en proces, hvor valget ofte ikke lander på den mest optimale løsning, men den mindst dårlige af de kendte løsninger, som virksomheden er præsenteret for. Der er ofte behov for at beslutninger om ny teknologi tages på et mere oplyst grundlag"

– Jesper Martin Gram-Jensen, Partner & Lead Consultant, Ascendit

Kapitel 6: Konkrete Anvendelsesområder

AI-strategi i praksis

Status og udfordringer i danske SMV'er viser et markant efterslæb i AI-implementering. Kun 15% af virksomhederne integrerer AI i deres kerneforretning, mens store virksomheder er dobbelt så AI-intensive og bruger i gennemsnit fire forskellige AI-værktøjer mod SMV'ernes to.

Kunstig intelligens (AI) har potentiale til at forandre måden, virksomheder opererer på, ved at tilføre værdi på tværs af forskellige brancher og funktioner. I dette kapitel dykker vi ned i konkrete anvendelsesområder, hvor AI allerede skaber betydelige resultater, og hvor potentialet for yderligere innovation er enormt.

Sundhedssektoren

AI revolutionerer sundhedssektoren ved at forbedre diagnosticering, behandling og patientpleje. For eksempel anvendes AI til at analysere medicinske billeder og identificere sygdomme som cancer med høj præcision. AI kan også forudsige patientforløb baseret på historiske data og hjælpe sundhedspersonale med at planlægge ressourcer mere effektivt. Denne teknologi gør det muligt at tilbyde mere personaliseret og proaktiv behandling, hvilket forbedrer patientoplevelsen og reducerer omkostninger.

Detailhandlen

Inden for detailhandlen anvendes AI til at forstå kundeadfærd og optimere lagerstyring. AI-baserede anbefalingssystemer gør det muligt at tilbyde personaliserede produktforslag, der øger kundetilfredsheden og salget. Lagerstyringssystemer bruger AI til at forudsige efterspørgsel og minimere spild, hvilket er både økonomisk og miljømæssigt fordelagtigt. Desuden forbedrer chatbots og virtuelle assistenter kundeservice ved at give hurtige og præcise svar på forespørgsler.

Produktionsindustrien

AI optimerer produktionsprocesser ved at automatisere rutineopgaver og forbedre kvalitetskontrol. For eksempel kan maskinlæringsmodeller opdage defekter i produkter hurtigere og mere præcist end mennesker. Predictive maintenance-systemer bruger AI til at forudse og forhindre maskinnedbrud, hvilket reducerer nedetid og omkostninger. Produktionsvirksomheder kan også bruge AI til at optimere forsyningskæder og forbedre energieffektiviteten.

Finanssektoren

I finanssektoren anvendes AI til risikovurdering, bedrageribekæmpelse og automatisering af kundeservice. Machine learning-algoritmer analyserer store mængder data for at identificere mønstre og anomalier, der kan indikere svindel. AI bruges også til at forudsige markedsbevægelser og hjælpe investorer med at tage informerede beslutninger. Chatbots og virtuelle assistenter forbedrer kundeoplevelsen ved at levere skræddersyede rådgivninger og hurtige svar på spørgsmål.

Offentlig sektor

Den offentlige sektor drager fordel af AI ved at effektivisere administrative processer og forbedre borgernes adgang til tjenester. AI anvendes til at behandle store mængder data og automatisere rutineopgaver, hvilket frigør ressourcer til mere komplekse opgaver. Eksempler inkluderer anvendelsen af AI til skatteinddrivelse, optimering af trafikstyring og forbedring af sundhedstjenester. Ved at integrere AI kan den offentlige sektor levere hurtigere og mere effektive tjenester til borgerne.

Case: AI i en dansk detailkæde

En stor dansk detailkæde implementerede AI til at optimere deres lagerstyring og forbedre kundeoplevelsen. Ved at anvende maskinlæringsmodeller kunne virksomheden forudsige efterspørgsel med stor nøjagtighed, hvilket reducerede lageromkostninger med 30%. Samtidig blev der introduceret et anbefalingssystem, der øgede online-salget med 20% ved at tilbyde kunderne personaliserede produktforslag. Denne case illustrerer, hvordan AI kan skabe direkte forretningsværdi og styrke kundetilfredsheden.

Start Small, Think Big

En succesfuld AI-implementering kræver en velovervejet og trinvis tilgang. Virksomheder bør starte med at identificere specifikke områder, hvor AI kan skabe hurtig værdi. Dette følges op af mindre pilotprojekter, som kan evalueres og skaleres ved succes. Denne fremgangsmåde minimerer risikoen og sikrer læring undervejs.

Organisatorisk forankring

For at lykkes med AI-implementeringen er det afgørende at sikre solid ledelsesopbakning og strategisk forankring. Der bør udpeges dedikerede AI-ansvarlige i organisationen, og AI-initiativer skal integreres i den overordnede forretningsstrategi.

Ressourceallokering

En realistisk ressourceallokering er fundamental for succes. Dette omfatter både tid og økonomi til selve implementeringen, investering i medarbejderkompetencer samt udnyttelse af eksterne støttemuligheder gennem programmer som AI Denmark.

Succesfaktorer

Dokumenterede resultater viser betydelige gevinster ved vellykket AI-implementering. Virksomheder har opnået besparelser på op til 40% i supportomkostninger, produktivitetsforbedringer med op til 30% reduktion i procestid samt markant øget kundetilfredshed gennem personaliserede løsninger.

Vedligeholdelse og optimering

Kontinuerlig vedligeholdelse er essentiel for langvarig succes med AI. Dette indebærer udvikling af en klar strategi for løbende optimering, realistisk ressource allokering til vedligeholdelse samt konstant evaluering og tilpasning af implementerede løsninger.

Fremtidsperspektiver

For at forblive konkurrencedygtige må danske SMV'er accelerere deres AI-adoption. Med den rette strategiske tilgang og implementering kan selv mindre virksomheder opnå betydelige konkurrence fordele gennem intelligent brug af AI-teknologi.

Konklusion

De konkrete anvendelsesområder for AI er mangfoldige og strækker sig på tværs af sektorer. Fra sundhedssektoren til detailhandel og finans kan AI transformere operationer og skabe værdi på nye måder. Næste kapitel vil dykke dybere ned i de strategiske perspektiver og fremtidige tendenser, der vil forme AI's rolle i samfundet og erhvervslivet.

"Virksomheder, der integrerer AI strategisk, opnår en markant konkurrencefordel. Men succes afhænger af stærk datastyring og -indsamling, en AI-understøttet beslutningskultur og evnen til at tilpasse sig en teknologi i konstant udvikling. AI er kun så kraftfuld som den data, den bygger på."

– Tomas Maltha Krogh, Co-founder & Partner, Bomae Køberrådgivning

Kapitel 7: AI-strategi i praksis

At udvikle og implementere en AI-strategi er en kompleks proces, der kræver en holistisk tilgang og dyb forståelse af organisationens behov og mål. I dette kapitel vil vi dykke ned i, hvordan danske virksomheder kan udforme og eksekvere AI-strategier, der skaber konkrete resultater og understøtter langsigtede forretningsmål.

Elementer i en AI-strategi

En succesfuld AI-strategi begynder med en klar forståelse af, hvad virksomheden ønsker at opnå med AI. Dette indebærer en vurdering af de eksisterende processer, hvor AI kan tilføre værdi, og hvilke ressourcer der er nødvendige for at implementere løsningerne. Strategien skal inkludere målbare KPI'er, der gør det muligt at spore fremskridt og evaluere succes.

AI som en del af den overordnede forretningsstrategi

AI bør ikke betragtes som et isoleret projekt, men som en integreret del af virksomhedens overordnede strategi. Ved at indlejre AI i kerneforretningsprocesser kan virksomheder forbedre effektiviteten, øge innovationen og skabe nye indtægtsstrømme. Dette kræver samarbejde mellem forskellige afdelinger, herunder IT, marketing, produktion og ledelse, for at sikre, at AI-initiativerne er fuldt integrerede og understøtter virksomhedens mål.

Kompetenceopbygning og kultur

For at implementere AI-strategien effektivt er det afgørende at have de rette kompetencer i organisationen. Dette kan opnås gennem rekruttering af AI-specialister, efteruddannelse af eksisterende medarbejdere og etablering af tværfunktionelle teams. Samtidig er det vigtigt at fremme en kultur, der understøtter innovation og åbenhed over for nye teknologier.

Teknologisk infrastruktur

En robust teknologisk infrastruktur er nødvendig for at understøtte AI-strategien. Dette inkluderer adgang til relevante data, kraftfulde beregningsressourcer og sikre systemer til databehandling. Ved at investere i moderne cloud-løsninger og open source-værktøjer kan virksomheder opnå den nødvendige fleksibilitet og skalerbarhed.

Case: En dansk produktionsvirksomhed

En dansk produktionsvirksomhed implementerede en AI-strategi med fokus på at reducere produktionsomkostninger og forbedre kvalitetskontrol. Virksomheden analyserede produktionsdata for at identificere ineffektive processer og anvendte AI til at optimere produktionslinjen. Resultatet var en reduktion i fejlrate på 25% og en øget produktivitet på 15%. Denne case viser, hvordan en veludført AI-strategi kan levere målbare fordele.

Fremtidsperspektiver

AI-strategier skal være dynamiske og tilpasses de hurtigt skiftende teknologiske og markedsmæssige forhold. For danske virksomheder betyder dette, at der løbende skal investeres i forskning og udvikling, samt at der skal etableres partnerskaber med universiteter og teknologivirksomheder for at holde sig på forkant med udviklingen.

Konklusion

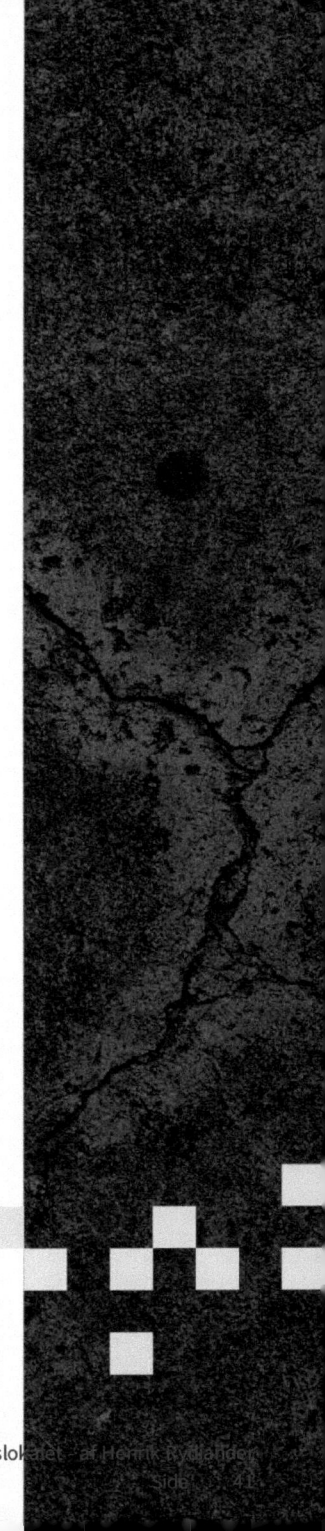

AI-strategi i praksis handler om at kombinere teknologi, kultur og klare mål for at skabe varig værdi. Ved at tage en struktureret tilgang og sikre, at AI er integreret i den overordnede forretningsstrategi, kan virksomheder opnå betydelige fordele og positionere sig som ledere i deres respektive industrier.

Del 4: Fremtidsperspektiver

Efterhånden som kunstig intelligens (AI) fortsætter med at udvikle sig, står virksomheder over for en verden fyldt med muligheder og udfordringer. Fremtiden for AI handler ikke kun om teknologiske fremskridt, men også om, hvordan vi som samfund og virksomheder vælger at anvende og forme denne teknologi. Denne del af bogen ser fremad og tilbyder en vision for, hvordan danske virksomheder kan positionere sig som globale ledere i en AI-drevet verden.

Den tekniske udvikling

Den teknologiske udvikling inden for AI forventes at accelerere yderligere i de kommende år. Fra kvantecomputing, der kan revolutionere beregningskraft, til selvkorrigerende algoritmer, der kan minimere fejl og bias, vil disse fremskridt åbne nye døre for innovation. For danske virksomheder er det essentielt at overvåge og tilpasse sig disse tendenser for at forblive konkurrencedygtige.

Global samarbejde og konkurrence

AI er blevet et globalt fokusområde, og lande konkurrerer om at være førende inden for teknologien. Samtidig skabes der også samarbejder, hvor lande og virksomheder går sammen om at løse globale udfordringer ved hjælp af AI. Danmark kan drage fordel af sin tradition for innovation og tillid i samfundet til at tage en ledende rolle i internationale samarbejder og udvikle AI-løsninger, der afspejler danske værdier.

Samfundsmæssige konsekvenser

AI's indflydelse på samfundet vil være dybtgående. Teknologien har potentialet til at reducere ulighed, forbedre adgangen til uddannelse og sundhed og fremme en mere bæredygtig fremtid. Men hvis AI ikke anvendes ansvarligt, kan det også forværre eksisterende problemer som bias, privatlivskrænkelser og koncentration af magt. Danske virksomheder og beslutningstagere skal derfor arbejde for at sikre, at AI implementeres på en måde, der fremmer både social og økonomisk lighed.

AI og fremtidens arbejdsstyrke

AI vil fortsætte med at omforme arbejdsmarkedet. Rutineprægede opgaver vil i stigende grad blive automatiseret, mens behovet for kreative, analytiske og tekniske evner vil vokse. For danske virksomheder er det en prioritet at investere i medarbejdernes udvikling gennem livslang læring og sikre, at arbejdsstyrken er klar til at navigere i en AI-drevet økonomi. Derudover er det vigtigt at bevare balancen mellem teknologi og menneskelighed for at fastholde arbejdspladsernes sociale og kulturelle værdi.

Vision for Danmark som AI foregangsland

Danmark har mulighed for at etablere sig som et foregangsland inden for ansvarlig og bæredygtig AI. Ved at investere i forskning og udvikling, støtte startups og fremme offentlig-private partnerskaber kan vi skabe et økosystem, der understøtter innovation og sikrer, at danske virksomheder og samfundet som helhed drager fuld fordel af AI-teknologiens muligheder.

"Teknologi og bæredygtighed skal gå hånd i hånd, hvis vi vil skabe en fremtid, der både er intelligent og ansvarlig."

— Connie Hedegaard, tidligere EU-kommissær for klima

Kapitel 8: Den bæredygtige AI-agenda

Danmarks ambitiøse klimamål om at reducere CO_2-udledningen med 70% inden 2030 understøttes aktivt af AI-initiativer gennem 13 klimapartnerskaber mellem regeringen og forskellige industrisektorer, som har særligt fokus på anvendelsen af AI og data til at fremme den grønne omstilling.

Bæredygtighed og kunstig intelligens (AI) er to af de mest presserende og transformative temaer i vores tid. Kombinationen af disse kan skabe banebrydende løsninger, der adresserer globale udfordringer som klimaforandringer, ressourceknaphed og social ulighed. Dette kapitel udforsker, hvordan danske virksomheder kan udvikle og implementere en bæredygtig AI-agenda, der skaber værdi for både virksomheden og samfundet.

AI som enabler for bæredygtighed

AI kan spille en afgørende rolle i at fremme bæredygtighed. Ved hjælp af avancerede dataanalyser kan AI optimere energiforbrug, reducere spild og forbedre ressourceudnyttelse. For eksempel kan AI anvendes til at udvikle intelligente elnet, der balancerer energiforbrug og produktion i realtid, eller til at forudsige vedligeholdelsesbehov i produktionsanlæg, hvilket minimerer nedetid og materialespild.

Miljømæssig bæredygtighed

AI kan hjælpe med at overvåge og reducere virksomheders miljøpåvirkning. Satellitbilleder og AI-algoritmer kan bruges til at spore skovrydning og overvåge biodiversitet, mens maskinlæringsmodeller kan forudsige klimaforandringernes påvirkning på specifikke regioner. Desuden kan AI-baserede løsninger optimere logistik og forsyningskæder, hvilket reducerer CO_2-udledning.

Social bæredygtighed

AI har potentialet til at fremme social bæredygtighed ved at forbedre adgangen til uddannelse, sundhed og finansielle tjenester. AI-drevne platforme kan tilbyde personaliseret undervisning til elever i underforsynede områder eller hjælpe sundhedsarbejdere med at diagnosticere og behandle patienter mere effektivt. I finanssektoren kan AI bruges til at skabe inkluderende økonomiske løsninger, der gør det lettere for udsatte grupper at få adgang til lån og opsparing.

Etiske overvejelser

Selvom AI kan understøtte bæredygtighed, er det afgørende at adressere de etiske spørgsmål, der kan opstå. AI-systemer kan potentielt forstærke eksisterende uligheder, hvis de trænes på biased data, eller skabe nye risici, hvis deres energiforbrug ikke overvåges. Derfor bør virksomheder implementere governance-strukturer, der sikrer ansvarlig og gennemsigtig brug af AI i bæredygtighedsinitiativer.

Case: AI i cirkulær økonomi

En dansk tøjproducent implementerede AI for at understøtte en cirkulær økonomimodel. Ved at analysere data om kundernes brug og returnering af tøj kunne virksomheden optimere produktdesign for øget holdbarhed og genbrug. AI blev også brugt til at identificere de bedste metoder til genanvendelse af materialer, hvilket reducerede affald med 40% og forbedrede virksomhedens miljøprofil.

Strategiske anbefalinger

For at udvikle en bæredygtig AI-agenda bør virksomheder fokusere på tre hovedområder. Først og fremmest skal de identificere og prioritere projekter, hvor AI kan have den største bæredygtige effekt. Dernæst skal de sikre, at deres AI-løsninger er designet og implementeret med et klart etisk kompas. Endelig skal de etablere samarbejder med andre organisationer og interessenter for at fremme innovation og vidensdeling.

Konklusion

Den bæredygtige AI-agenda er ikke kun en mulighed for at adressere verdens presserende udfordringer, men også en strategi for at skabe langsigtet værdi og konkurrencefordel. Ved at kombinere teknologisk innovation med en forpligtelse til bæredygtighed kan danske virksomheder tage en ledende rolle i at forme en mere retfærdig og bæredygtig fremtid.

"Den, der stopper med at lære, er gammel, uanset om han er tyve eller firs. Den, der fortsætter med at lære, forbliver ung."

— Niels Bohr, dansk fysiker

Kapitel 9: Værktøjskassen

En succesfuld implementering af kunstig intelligens (AI) kræver de rette strategiske værktøjer og ressourcer, der understøtter virksomhedens ledelse og bestyrelse i at navigere AI-transformationen. Dette kapitel fokuserer på strategiske redskaber, der kan hjælpe bestyrelser med at stille de rette spørgsmål, overvåge implementeringen og sikre en ansvarlig brug af AI.

Strategiske redskaber til bestyrelsen

AI-Modenhedsvurdering: En AI-modenhedsvurdering hjælper med at identificere, hvor virksomheden står i forhold til AI-adoption. Ved at vurdere aspekter som teknologisk infrastruktur, dataforvaltning, medarbejderkompetencer og kultur kan bestyrelsen få et klart billede af virksomhedens styrker og svagheder.

Etisk kompas: En central del af bestyrelsens arbejde med AI er at sikre, at teknologien anvendes ansvarligt. Dette kan opnås ved at implementere et etisk kompas, der definerer retningslinjer for brug af data, algoritmer og beslutningstagning. Bestyrelsen kan bruge rammer som EU's etiske retningslinjer for AI som reference.

Risk Assessment Framework: AI medfører nye typer af risici, herunder bias, databrud og juridiske udfordringer. Bestyrelsen kan anvende en risikovurderingsmodel, der identificerer og kategoriserer potentielle risici forbundet med AI-projekter og implementerer mekanismer til at overvåge og minimere dem.

Overvågning og rapportering

Key Performance Indicators (KPI'er): Bestyrelsen bør sikre, at der opstilles klare KPI'er, der måler AI-projekternes effekt. Dette kan inkludere operationelle mål som produktivitetsforbedringer, reduktion af fejlrate og tidsbesparelser, samt strategiske mål som kundetilfredshed og innovation.

Dashboard for AI-fremskridt: Et dashboard kan give bestyrelsen et samlet overblik over virksomhedens AI-indsatser. Dette inkluderer status på projekter, ressourceforbrug og de målte resultater i forhold til de fastsatte mål.

Samarbejde og kompetenceudvikling

Bestyrelsesuddannelse: For at kunne udfylde deres rolle effektivt bør bestyrelsesmedlemmer deltage i kurser og workshops om AI. Initiativer som AI Denmark og globale institutioner som MIT tilbyder specialiserede programmer, der kan styrke forståelsen af AI-teknologi og dens strategiske implikationer.

Mentorordninger og ekspertpaneler: Bestyrelsen kan etablere mentorordninger eller nedsætte et ekspertpanel, der bistår med at vurdere AI-strategier og teknologiske løsninger. Dette sikrer adgang til den nyeste viden og perspektiver fra eksterne eksperter.

Case: Strategisk brug af AI i bestyrelsesarbejde

En dansk energivirksomhed integrerede AI i deres strategiske beslutningsprocesser for at optimere driften af deres energinet. Bestyrelsen anvendte et KPI-baseret dashboard, der leverede realtidsdata om energiforbrug og netkapacitet. Med denne indsigt kunne de tage informerede beslutninger om investeringer i vedvarende energi og identificere områder med potentiale for omkostningsreduktion. Dette resulterede i øget effektivitet og forbedret kundetilfredshed.

Anbefalinger til bestyrelsen

For at navigere AI-transformationen effektivt bør bestyrelsen fokusere på:

1. At stille spørgsmål om, hvordan AI understøtter virksomhedens langsigtede mål.
2. At sikre en klar governance-struktur, der overvåger etisk og ansvarlig brug af AI.
3. At prioritere kompetenceudvikling og samarbejde med eksterne eksperter for at styrke beslutningsgrundlaget.
4. At bruge dashboards og rapporteringsværktøjer til at følge fremskridt og justere strategien efter behov.

Konklusion

Med de rette strategiske værktøjer kan bestyrelsen spille en nøglerolle i at sikre, at AI implementeres ansvarligt og effektivt.
Dette kapitel tilbyder en ramme for, hvordan bestyrelser kan tage lederskab i AI-transformationen og skabe varig værdi for virksomheden.

"Det er en meget aktuel og relevant bog. AI mulighederne kalder som i alle andre forandringsprocesser på kompetente ledere, der ved at gnidningsfri implementering handler om at inkludere dem i organisationen, der bliver mest påvirket af den nye teknologi og dem, der ved mest. Det kræver ledere, der forstår sig på den menneskelige natur og behov, hvis effekten af AI skal optimeres."

- Charlotte Pontoppidan Wise, Ledelsesekspert & Stifter, LeaderHubs

Kapitel 10: Værktøjer til implementering

For at opnå succes med kunstig intelligens (AI) er det afgørende at anvende strategiske og operationelle værktøjer, der understøtter implementeringen i hele organisationen. Dette kapitel fokuserer på specifikke rammer og frameworks, som bestyrelser og ledelse kan anvende for at sikre en ansvarlig og effektiv AI-adoption.

AI Scorecard

Et AI Scorecard er et essentielt værktøj, der giver en struktureret tilgang til at evaluere virksomhedens modenhed og AI-indsatser. Det kan bruges til at måle fremskridt på tværs af nøgleområder som:

- Strategisk alignment: Hvor godt stemmer AI-projekterne overens med virksomhedens overordnede strategi?
- Teknologisk infrastruktur: Er systemer og ressourcer tilstrækkelige til at understøtte AI?
- Dataforvaltning: Er dataene strukturerede, tilgængelige og sikre?
- Kompetenceudvikling: Har medarbejdere og ledelse de nødvendige AI-færdigheder?

Ved at anvende et scorecard kan bestyrelsen identificere styrker, svagheder og prioriteringsområder.

Governance framework

Et governance framework sikrer, at AI anvendes ansvarligt og i overensstemmelse med lovgivning og etiske retningslinjer. Frameworket bør omfatte:

- Roller og ansvar: Definition af, hvem der har ansvar for AI-strategi, implementering og overvågning.
- Etiske retningslinjer: Rammer for, hvordan data anvendes, og hvordan bias undgås.
- Overvågning og compliance: Mekanismer til at sikre, at AI-løsninger overholder reguleringer som GDPR og EU AI Act.

Dette framework skaber transparens og tillid blandt interessenter.

RACI-Modellen

For at skabe klarhed over roller og ansvar under AI-implementering kan virksomheder anvende RACI-modellen (Responsible, Accountable, Consulted, Informed). Dette værktøj hjælper med at:

- Afklare, hvem der er ansvarlig for specifikke opgaver.
- Sikre, at der er klare beslutningsgange.
- Forbedre samarbejde mellem afdelinger.

Ved at implementere RACI kan organisationen mindske risikoen for misforståelser og ineffektivitet.

AI etisk checkliste

En AI Etisk Checkliste kan bruges til at sikre, at AI-systemer designes og implementeres ansvarligt. Elementer i checklisten kan omfatte:

- Datasikkerhed: Er datasikkerheden sikret i alle faser?
- Transparens: Er det tydeligt, hvordan AI-modellen træffer beslutninger?
- Bias-analyse: Er datasættene diversificerede og repræsenterer de alle relevante grupper?

Ved at gennemgå denne checkliste sikres det, at AI-systemer er etisk forsvarlige.

<u>Case: Governance framework i praksis</u>

En dansk finansvirksomhed implementerede et governance framework for at overvåge brugen af AI til kreditvurdering. Frameworket inkluderede en etisk komité, der evaluerede datasæt og algoritmer for bias. Der blev anvendt en AI Scorecard til løbende at måle projektets fremskridt og en RACI-model til at sikre tydelige ansvarsfordelinger. Resultatet var en gennemsigtig og ansvarlig implementering, der styrkede kundernes tillid og reducerede juridiske risici.

Anbefalinger for implementering

1. Start med et AI Scorecard for at evaluere organisationens nuværende modenhed og prioritere indsatsområder.
2. Implementer et governance framework, der sikrer ansvarlig brug af AI og overholdelse af regulativer.
3. Brug RACI-modellen til at skabe klare ansvarsfordelinger i implementeringsprocessen.
4. Udarbejd en AI Etisk Checkliste for at sikre, at systemerne er etisk forsvarlige og transparente.

Digital taskforce

En ny Digital Taskforce for kunstig intelligens er etableret i samarbejde med KL og Danske Regioner for at udbrede AI-løsninger i den offentlige sektor.

Center for kunstig intelligens

Et nyt center skal sikre vejledning om ansvarlig brug af AI og dele kritisk viden med myndigheder og virksomheder.

Der er etableret en platform til udvikling af sikre og transparente danske sprogmodeller, og danske tekstdata gøres tilgængelige som open source.

Dette styrker fundamentet for at arbejde med AI i virksomheder og myndigheder. Disse værktøjer understøttes af regeringens nationale AI-strategi med en investering på 62,5 millioner kroner for perioden 2024-2027.

Konklusion

Med de rette værktøjer og frameworks kan virksomheder implementere AI på en ansvarlig og effektiv måde.

Kapitel 10 giver en praktisk guide til, hvordan danske virksomheder kan navigere i AI-transformationen og skabe langsigtet værdi gennem strategiske og operationelle værktøjer.

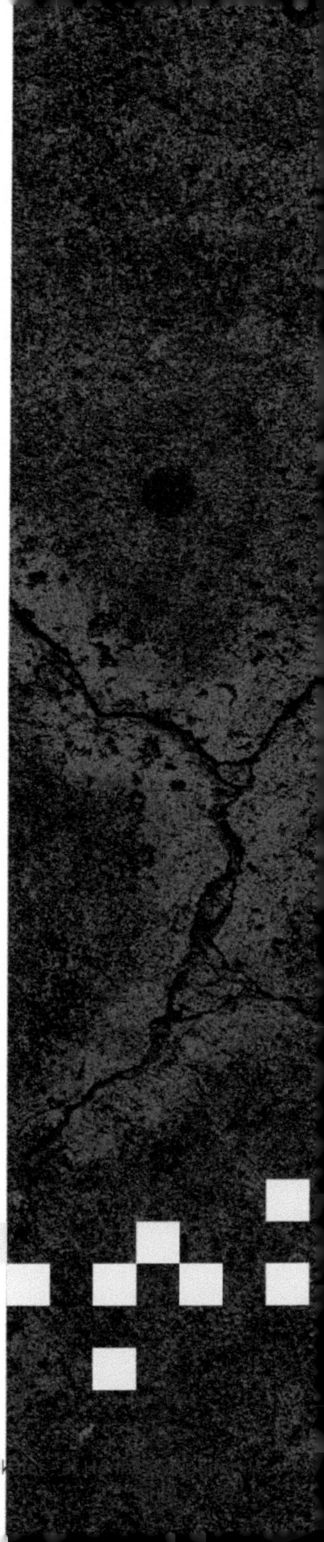

Efterskrift: Demokratisering og kaos

Potentialet for demokratisering

Kunstig intelligens står som en afgørende faktor for demokratiets fremtid, hvor både muligheder og trusler tegner et komplekst billede. AI's potentiale til at styrke demokratiet er enormt. Teknologien kan forbedre adgangen til offentlige services og juridisk rådgivning, øge borgerdeltagelsen gennem nye digitale platforme og muliggøre mere effektiv beslutningstagning i den offentlige sektor. Ved at anvende AI ansvarligt kan demokratiske samfund gøres mere inkluderende og responsive over for borgernes behov.

Men AI bringer også udfordringer, der kan undergrave selve fundamentet for demokrati. Den stigende mængde AI-genereret indhold skaber informationsforurening, hvilket gør det sværere at identificere troværdige informationskilder. Dette underminerer tilliden til demokratiske processer og institutioner. Samtidig udnytter autoritære regimer AI til befolkningskontrol og desinformationskampagner, mens demokratiske nationer kæmper for at beskytte deres valgintegritet mod disse trusler.

For at beskytte demokratiet mod disse udfordringer er det nødvendigt at udvikle effektiv regulering, der sikrer algoritmisk transparens og beskytter persondata. Etisk anvendelse af AI-teknologier er afgørende for at bevare demokratiets kerneværdier. Danmark, som et foregangsland inden for ansvarlig AI-udvikling, har en unik mulighed for at påvirke den internationale dagsorden. Denne position kræver dog en konstant balancering mellem at fremme innovation og opretholde demokratiske principper.

Kunstig intelligens kan være en drivkraft for demokratisering, men også en katalysator for kaos. Valget mellem disse udfald afhænger af, hvordan vi vælger at forme og regulere teknologien i de kommende år.

Disclaimer Forfatteren af denne bog har udelukkende fokuseret på de forretningsmæssige, strategiske og operationelle aspekter af kunstig intelligens (AI) og har ikke taget stilling til de miljømæssige konsekvenser, energiforbrug eller øvrige bæredygtighedsaspekter forbundet med anvendelsen af AI-teknologier. Denne bog behandler AI som et redskab til værdiskabelse i virksomheder og organisationer, men adresserer ikke potentielle klimaaftryk, CO_2-udledning eller ressourceforbrug relateret til implementering og drift af AI-systemer. Læsere, der ønsker indsigt i disse emner, opfordres til at søge information fra relevante miljø- og energiorganisationer samt videnskabelige kilder, der specifikt behandler AI's bæredygtighed og påvirkning på klima og ressourcer. Forfatteren fraskriver sig ethvert ansvar for eventuelle miljømæssige eller energimæssige konsekvenser af de AI-løsninger og teknologier, der diskuteres i denne bog. Beslutninger om implementering af AI bør altid træffes med en helhedsorienteret tilgang, der inkluderer både økonomiske, sociale og miljømæssige hensyn.

Appendiks

Appendiks præsenterer en samling af praktiske værktøjer og ressourcer til implementering af AI i danske virksomheder. Dette afsnit giver et overblik over nationale støttestrukturer, praktiske cases og finansielle muligheder, der kan understøtte virksomheder i deres AI-rejse.

Nationale støttestrukturer som AI Denmark tilbyder et seks-måneders udviklingsforløb, der hjælper små og mellemstore virksomheder med at integrere data og AI-værktøjer i deres digitale transformation. Programmet inkluderer skræddersyede pilotprojekter og workshops med fokus på både teknologiske og organisatoriske forandringsprocesser. Derudover har DTU udviklet Safe AI-principper, der understøtter ansvarlig anvendelse af AI. Disse principper fokuserer på sikkerhed og robusthed, åben kildekode og transparens, privacy by design samt respekt for sociale relationer og kalibrerede værdier.

Praktiske cases viser, hvordan virksomheder allerede har draget fordel af AI. For eksempel reducerede Flying Tiger Copenhagen tiden brugt på produktbeskrivelser og opnåede årlige besparelser på 1 million kroner. TierAsset forbedrede effektiviteten i computerreparationer med 10%, og Telmore oplevede en 21% vækst i digitalt salg. Disse eksempler understreger, hvordan AI kan skabe målbare resultater og styrke konkurrenceevnen.

Offentlige initiativer spiller også en vigtig rolle i at fremme AI-udviklingen i Danmark. Initiativer som Digital Taskforce for Kunstig Intelligens og det nye Center for Kunstig Intelligens i Samfundet tilbyder ressourcer og platforme til udvikling af danske sprogmodeller og understøttelse af AI-projekter. Finansiel støtte er tilgængelig gennem Vækstfonden, der tilbyder en investeringspulje på 3,1 millioner euro over fire år til AI-baserede forretningsmodeller. Regeringens nationale AI-strategi bidrager desuden med 60 millioner kroner til nye initiativer, der fremmer innovation og ansvarlig anvendelse af AI.

Dette appendiks giver danske virksomheder adgang til en bred vifte af ressourcer og støttemuligheder, der kan hjælpe dem med at udnytte AI's potentiale fuldt ud.

Afslutning: Vejen fremad

Vi står ved begyndelsen af en ny æra, hvor kunstig intelligens ikke kun ændrer måden, vi driver forretning på, men også hvordan vi som samfund interagerer, skaber og udvikler os. Denne bog har præsenteret en omfattende ramme for, hvordan danske virksomheder kan tage AI i brug strategisk og ansvarligt. Fra strategiske overvejelser til praktiske værktøjer har vi udforsket de mange facetter, der tilsammen udgør en succesfuld AI-rejse.

For danske virksomheder og bestyrelser er opgaven klar, det handler ikke om, hvorvidt man skal investere i AI, men om hvordan man gør det på en måde, der skaber reel værdi og samtidig respekterer de etiske, sociale og miljømæssige forpligtelser, som vi står overfor. Ved at balancere innovation med ansvarlighed har Danmark en unik mulighed for at tage en førerrolle, både nationalt og internationalt.

Denne bog er ikke blot en vejledning, men en opfordring til handling. Vi opfordrer danske virksomheder til at tage de første skridt, udforske mulighederne og forme en fremtid, hvor teknologi og værdier går hånd i hånd.

AI er ikke kun en teknologi; det er et redskab til at bygge en bedre fremtid for virksomheder, medarbejdere og samfundet som helhed.

Nu er det op til dig. Vejen er kortlagt, værktøjerne er tilgængelige, og potentialet er ubegrænset. Fremtiden starter her.

Om forfatteren

Henrik Rydiander er en resultatorienteret leder med over to årtiers erfaring inden for strategisk forretningsudvikling, optimering og ledelse. Med en baggrund som Administrerende direktør, Chief Executive Officer og Chief Operations Officer for både nationale og internationale virksomheder har Henrik opnået en unik forståelse af, hvordan teknologi, mennesker og strategi kan forenes for at skabe bæredygtige resultater.

Henrik har en dyb interesse i kunstig intelligens og dens anvendelse på tværs af organisatoriske niveauer. Han har gennemført uddannelser inden for informationsteknologi, anvendelse af kunstig intelligens og forandringsledelse. Derudover har han en solid baggrund i bestyrelsesarbejde og har besiddet øverste ledelsespositioner, hvilket giver ham en væsentlig indsigt i komplekse forretningsmiljøer og beslutningsprocesser.

Som forfatter til denne bog trækker Henrik på sin omfattende erfaring og passion for innovation for at levere en praktisk og inspirerende guide til, hvordan danske virksomheder og bestyrelser strategisk kan integrere kunstig intelligens og opnå konkurrencefordele.

Teaser:
En trilogi om strategi, handling og implementering

Denne bog er første bind i en trilogi, der udforsker, hvordan danske virksomheder kan navigere og trives i en AI-drevet verden. Mens denne bog fokuserer på bestyrelsens rolle i at formulere en strategisk vision og skabe de rette rammer for kunstig intelligens, fortsætter rejsen i de kommende bind med endnu dybere perspektiver og praktiske råd.

Bind to tager læseren fra bestyrelseslokalet og ind i hjertet af virksomhedens ledelse. Her handler det om at omsætte de strategiske beslutninger til virkelighed gennem ledelse og inspirering af organisationen. Fokus er på, hvordan AI kan integreres i beslutningsprocesser og styrke ledelsens evne til at drive forandring.

I det tredje bind bevæger vi os tættere på den daglige drift og medarbejdernes rolle. Dette bind giver en dybdegående forståelse af, hvordan taktisk og praksisnær implementering skaber en ubrudt kæde fra det strategiske niveau til de operationelle processer. Med fokus på medarbejdernes perspektiv vil bogen tilbyde konkrete værktøjer til at sikre succesfuld implementering og vedvarende værdi.

Trilogien udgør et samlet værktøj til danske virksomheder, der ønsker at maksimere potentialet af kunstig intelligens på tværs af alle organisatoriske niveauer. Fra strategi til handling og implementering giver disse bøger en helhedsorienteret guide til at lykkes i en kompleks og foranderlig verden.

Bliv en del af denne rejse, og opdag, hvordan jeres virksomhed kan tage det næste skridt mod en mere innovativ og bæredygtig fremtid.

Kildehenvisninger og Litteratur

Bøger og Publikationer

- Den aktive bestyrelse – Lars Bo Hansen & Steen Ernland (2. udgave, 3. oplag, 2023)
- CEO Excellence – Carolyn Dewar, Scott Keller & Vikram Malhotra (2022)
- LEAN Thinking – James P. Womack & Daniel T. Jones (2003) Forandringsledelse – Bjarne Kousholt (4. Udgave 2014)
- AI strategi – Jesper Bove Nielsen (1. udgave 2024)

Rapporter og Analyser

- AI Denmark - Status på kunstig intelligens i danske SMV'er (2024)
- McKinsey Global Institute - The Economic Potential of AI (2024)
- World Economic Forum - The Future of Jobs Report (2024)
- Danmarks Statistik - Digitalisering i danske virksomheder (2024)

Lovgivning og Regulering

- EU AI Act (2023)
- 679 – af 27. april 2016 EUR-LEX (2016)
- National strategi for kunstig intelligens AI (Digitaliseringsstyrelsen 2025)

Online Ressourcer

- digitalkatalysator.dk
- aidenmark.dk
- smvdigital.dk
- virksomhedsguiden.dk

Værktøjer og Templates

- AI-modenhedsvurdering
- Digital kompetencevurdering
- Governance-framework for AI
- AI-scorecard for bestyrelser

AI i Bestyrelseslokalet

Denne bog er skrevet med et klart formål: at give danske bestyrelser værktøjer, viden og indsigt til at navigere AI-revolutionen og dens konsekvenser for deres virksomheder. Bestyrelserne spiller en afgørende rolle som strategiske beslutningstagere, og deres engagement er nøglen til at sikre, at AI ikke blot implementeres, men gøres til en drivkraft for bæredygtig vækst og innovation.